T5-DHH-285

Book 1

THINKING STORIES

English - Spanish Stories and Thinking Activities

Written by **Jackie Scott**

Illustrated by **Elisa Ahlin**

Translations by **Carmen Ibarra**

Edited by **Dianne Draze, Sonsie Conroy**, and **Kathleen Aragon**

ISBN 1-883055-07-5

© copyright 1994 Dandy Lion Publications
All rights reserved.

About Copyrights and Reproduction

Dandy Lion Publications strives to produce quality educational materials that are both practical and affordable. For this reason, we have designated this book as a "reproducible." This means that purchase of this book includes the permission to reproduce all pages bearing the copyright notice in limited quantities. The reproduction rights are extended to the purchaser of this book and entitle him or her to duplicate the reproducible pages for his or her students. The permission is limited to a single teacher and does not extend to other teachers, to entire schools or to school systems. Institutions purchasing this book should pass the permission on to a single teacher. Duplication by any means for commercial purposes is forbidden. Questions regarding duplication rights should be addressed to:

Dandy Lion Publications
P.O. Box 190
San Luis Obispo, CA 93406

Contents

Introduction

As you thumb through this book, you may wonder why someone would choose this format, a combination of stories and thinking exercises. The stories in this book and accompanying exercises evolved over several years. I have been teaching on the Mexican-American border in Nogales, Arizona. It has been my job- for the last ten years to identify young children for the district's gifted program. For many years I followed the state's mandated procedures for testing, but I found only a few children who tested in the "gifted range."

I knew there were many bright children in our community and that I had to find a better way to allow them to demonstrate their abilities. I finally decided to start working in all the primary classrooms with all the children, presenting lessons that would allow them to use their intelligence in ways that were meaningful to them. My job was to not only present the lessons, but also to observe the children in their thinking activities and note intelligent behaviors as they worked their problems.

After four years of using this observation procedure, I was able to identify many bright children. By observing all primary children as they tackled problems in logic, deductive reasoning, non-verbal activities, creativity and math, I have been able to see children thinking on a variety of levels. I have been able to note those children who are salient in each area of thinking. After observing over 2,000 children, it became obvious which ones had superior problem-solving abilities. I am convinced that this approach is much more valid, because we are looking at the whole child and observing his thinking over a long period of time in many different learning or problem-solving situations.

As I designed my lessons, I knew that I had to have lessons that were interesting and that allowed children to do something themselves. With this in mind, I developed a series of stories that captured children's attention. Each story ended with a problem that the children had to solve. As much as possible, I designed the activities so students could use manipulatives to solve the problem. I also presented the stories and activities in both English and Spanish, because I felt that children need to think in their first language. These stories and activities have been presented at least fifty times with students in kindergarten, first and second grades, so I know they work.

When these stories were selected for publication, I added a teacher's guide for each lesson that gives directions for presenting the lesson, discussion questions and follow-up activities. You may choose to use all or only parts of the complete lesson outline. Additionally, I added extra activities at the end of the book so you could have other activities that related to the stories and built thinking skills. The end result is a book that has four charming stories that students will love and accompanying activities that will challenge them to use their intelligence in new ways. While these lessons were originally used to test students' cognitive abilities, they are perfect for building thinking and problem-solving skills - skills that all children can use in every aspect of their lives.

Jackie Scott

Games Bunnies Play

Juegos de Conejitos

Deep in the forest in the trunk of an old elm tree lived a family of bunnies. The new litter of rabbits that was born to Mr. and Mrs. Rabbit in the spring brought eight new bunnies into the old house in the tree trunk. Mama Rabbit was a patient soul, but eight new bunnies hopping around in that tiny space was just about too much for the old gal. She couldn't find a place to sit down, because every chair and every sofa was filled with bunnies. They were even swinging from the chandeliers.

Dentro del bosque, en el tronco de un viejo olmo vivía una familia de conejitos. La nueva camada de conejitos que les había nacido al señor y señora Conejo en la primavera trajo ocho nuevos cuerpos en la casa vieja en el tronco del árbol. Mamá Coneja era muy paciente, pero ocho conejitos más, saltando alrededor en ese pequeño espacio era demasiado para ella. No podía encontrar un lugar para sentarse porque cada silla y cada sofá estaban llenos de conejitos. Se columpiaban de los candelabros.

It's not that she didn't love each and every bunny. It's just that they were driving her mad. Not that it was noisy, because bunnies don't make noise. She just knew she had to get them out of the house. So one day after tripping over two of them, she told them that they just had to go out in the forest to play.

When they said that they wanted to stay inside, she chased them out of the house with her broom and told them to go play a game in the forest.

Esto no quería decir que ella no amaba a cada uno de los conejitos, solo que la trastornaban. No que hubiera mucho ruido, pues los conejitos no hacen ruido. Ella sabía que tenía que sacarlos de la casa. Así que un día después de tropezar con dos de ellos les dijo que tendrían que salir a jugar en el bosque.

Cuando ellos dijeron que querían quedar adentro, les ahuyentó con su escoba y los mandó a jugar en el bosque.

They didn't have a clue what they could play. They just sat down in the middle of the forest and tried to think of a game that they would be good at.

Well, now everyone knows that bunnies would be good at leap frog, hopscotch or freeze tag. But since none of the bunnies had ever heard of those games, they just continued to sit, trying to think of something to do.

No tenían ni una idea de como o que jugar. Solamente se sentaron en medio del bosque tratando de pensar en un juego que pudieran ellos jugar.

Ahora, todos sabemos que los conejitos son buenos para jugar, bebeleche o las encantadas. Pero como ninguno de los conejitos había escuchado de estos juegos continuaban sentados tratando de pensar en algo que hacer.

In a few minutes they heard a group of children approaching them. Of course they ran behind the nearest tree so as not to be seen. Those children started to play a very curious game. One would hide behind a tree, shut his eyes, and count to ten. Then all the other children would run and hide. Then the one child would try to find the rest of the children. Now we all know that this is called hide and seek, but the bunnies were seeing this game for the first time.

De pronto escucharon a un grupo de niños que se acercaba a ellos. Pero por supuesto que ellos corrieron a esconderse detrás del árbol más cercano para que no les vieran. Esos niños empezaron a jugar un juego muy curioso. Uno se escondía detrás de un árbol, cerraba los ojos y contaba hasta diez. Luego todos los demás niños corrían y se escondían. Después el niño que contaba trataba de encontrar al resto de los niños. Todos sabemos que este juego se llama las esconditas, pero los conejitos estaban viendo este juego por primera vez.

It looked like such a fun game that the bunnies decided that they would play a game themselves. They picked brother bunny to be it and he hid behind the old pine tree. Then everybody scurried about, hiding as he put his little paws over his eyes and counted to ten. They didn't quite get it at first, but as the day wore on they became very good at hide and seek.

Parecía un juego tan divertido que los conejitos decidieron que ellos jugarían el mismo juego. Escogieron a un hermanito conejo para que fuera él que escondiera detrás de un pino viejo. Luego todos los demás se corrieron a esconderse, mientras él se tapaba los ojos y contaba hasta diez. Al principio no sabían muy bien como jugar, pero al fin del día, jugaban muy bien a "las escondidas."

After playing about ten games, it started to get a little dark, but those little bunnies just kept on playing and playing. Pretty soon Mama Rabbit started getting worried about her babies, so she went out into the forest to find them. She really had a hard time because each and every one had found a great hiding place. Do you think that you could help Mama Rabbit find her babies?

Después de jugar como diez juegos, se comenzó a obscurecer, pero los pequeños conejitos seguían jugando y jugando. Pronto Mamá Coneja comenzó a preocuparse por sus hijitos. Así que salió al bosque a buscarlos. En realidad batalló mucho porque cada uno de ellos había encontrado un escondite muy bueno. ¿Crees que tú puedes ayudar a Mamá Coneja a encontrar a sus conejitos?

Games Bunnies Play
Teacher's Guide

Objectives:
- To promote deductive reasoning
- To follow directions
- To think logically

Problem:
The students must read the clues (kindergartners may have the clues read to them in a group situation) and deduce where each bunny is hiding in the forest.

Solution:
See picture below.

Introduction:
Have the children brainstorm all that they know about rabbits, like attributes, diet, habitat, etc. Small children can look through picture books and research facts about rabbits. You can also do a comparison of hares and rabbits.

Discussion Questions
1. What do you think that Mama Rabbit should do about her lack of room?
2. What kind of games do you think rabbits would be good at? Why?
3. If the rabbits can't make noise, how do you think that they counted to ten?

Follow-Up Activities
- After the children have found all the bunnies, have them finish the story. What did Mama Rabbit do after she found all her babies? Was she upset? Did she punish them or was she just happy to see them? How did they resolve the problem of the crowded house?

Related Stories:
Peter Rabbit - Beatrix Potter
The Chocolate Rabbit - Maria Claret
Bunnies and Their Hobbies - Nancy Carlson
Bunny Story - Lena Anderson
Bunny Party - Lena Anderson
The April Rabbit - David Cleveland
Let's Make Rabbit - Leo Lionni

Objetivos:
- Promover razonamiento deductivo
- Seguir instrucciones
- Pensar lógicamente

Problema:
Los estudiantes deben leer las pistas (a los niños de kinder se les deben leer las pistas en grupo) y deducir donde se esconde cada conejito en el bosque.

Solución:
Vea la solución en inglés.

Introducción:
Permita que los estudiantes participen con sus ideas acerca de lo que saben de los conejos, sus características, dieta, medio ambiente, etc. Los niños pequeños pueden ver los libros con dibujos e investigar datos de conejos. Puede comparar liebres contra conejos.

Ideas Para Discutir:
1. ¿Qué piensas que debe hacer la mamá coneja por la falta de espacio?
2. ¿Qué clases de juegos son buenas para conejos? Porqué?
3. ¿Si los conejos no hacen ruido, como crees que podían contar hasta diez?

Actividades Para Continuar:
- Después de que los niños han encontrado todos conejitos, déjelos terminar la historia. ¿Qué hizo la mamá coneja después de que encontró a sus hijitos? ¿Estaba molesta? ¿Los castigó? ¿O estaba solamente feliz de verlos? ¿Cómo resolvieron el problema de estar amontonados en la casa?

Libros Relacionados Con Esta Historia:
Gazapo Se Pasea - Rosalina Kightley
Camina Conejo Camina - Elizabeth Attenbourough
El Cuento Del Conejito Benjamin - Beatrix Potter
Un Conejito en Busca de Hogar - varios autores mejicanos

Games Bunnies Play

Write the number on the map to show where each bunny is hiding.

Clues

1. Rabbit number **4** is by a pine tree, but she is not between two trees.

2. Rabbit number **2** is beside a tree, but it is not a pine tree.

3. The **first** rabbit is trying not to get wet since he's hiding by the stream.

4. The **7th** rabbit is across the stream from rabbit one, but he's not on the side of the pine tree.

5. Rabbit number **3** is by a log.

6. Rabbits number **5** and **6** are hiding behind the rock, but 5 is closer to the stream.

Juegos De Conejitos

Escribe el número en el mapa para enseñar donde está escondido cada conejo.

Pistas

1. El conejo número **4** está al lado de un pino, pero él no está entre dos arboles.

2. El conejo número **2** está al lado de un árbol, pero no es un pino.

3. **El primer** conejito no quiere mojarse como está escondido cerca de un arroyo.

4. El conejo número **7** está enfrente del primer conejo, pero no está en el mismo lado del pino.

5. El conejo número **3** está cerca de un tronco.

6. Los conejos número **5** y **6** están escondidos detrás de una piedra, pero el 5 está más cerca del arroyo.

© 1994 Dandy Lion - Thinking Stories 1

Games Bunnies Play
Juegos de Conejitos

Name (nombre) _____

The King and His Towers

El Rey y Sus Torres

Long ago and far away in the days of kings and knights, there stood an old, old castle. Beside the castle ran a little brook filled with rocks of many beautiful colors that glistened in the sun. Around the castle were towers that were used to protect everyone inside against all the enemies. Eventually everybody had made peace; and it's a good thing, because the towers were crumbling day by day with the sun and the wind and the rain. In fact that old castle and its towers really could have used some work.

Hace mucho tiempo y muy lejos de aquí en los días de reyes y caballeros existía un castillo muy antiguo. A un lado del castillo corría un pequeño riachuelo lleno de piedras de hermosos colores que brillaban con el sol. Alrededor del castillo había torres que protegían a los que habitaban dentro. Pero ahora todos estaban en paz, cosa que era muy buena porque las torres se desmoronaban día tras día con el sol, el viento y la lluvia. En realidad ese viejo castillo y sus torres necesitaban ser reparados un poco.

Inside the castle lived old King George, his faithful dog Milo, his 21 faithful servants, and his lovely daughter Genevieve. Genevieve was a beauty with long black curls that flowed down her back and bright green eyes.

Genevieve and her daddy really loved each other a lot. They had lived in the castle for many years together since the queen had died. Every morning they would meet for breakfast in the royal rose garden and talk about what they planned to do together that day. They rode bikes together, they had picnics, they planted flowers, and they swam in the royal pool every afternoon. They were really quite good friends.

Dentro del castillo vivía el viejo rey Jorge, su fiel perro, Milo, 21 fieles sirvientes y su querida hija Genoveva. Genoveva era bella con cabello largo y negro que caía en sus espaldas en hermosos rizos, y ojos verdes.

Genoveva y su papá se amaban mucho. Habían vivido juntos por mucho tiempo en el castillo desde que la reina había muerto. Cada mañana se desayunaban juntos en el real jardín de rosas y platicaban de lo que harían juntos ese día. Se paseaban en bicicletas, iban de paseo, plantaban flores, y nadaban en la alberca real cada tarde. Eran en realidad muy buenos amigos.

Now since they had been together for so many years, it never even occurred to the old king that anything would ever be different. But one morning Genevieve gave her daddy a good morning kiss and sat down to have breakfast as usual. Then she told her daddy that she had something important to talk to him about.

Ahora como habían estado juntos por tantos años, nunca se le ocurrió al viejo rey que alguna vez sería diferente. Pero un martes por la mañana Genoveva le dio a su papá un beso de buenos días y se sentó a desayunar como era de costumbre. Entonces le dijo a su papá que tenía algo importante que decirle.

Genevieve started by telling her daddy that she was getting older now. After all she was almost 25 years old. In the village she had met a handsome knight named Alfred. She told her daddy that when he took his daily royal nap, sometimes Alfred would come to the castle to see her and walk with her in the garden. Over the months she and Alfred had fallen in love, and now Alfred had asked for her hand in marriage.

Genoveva comenzó a decirle a su papá que ya se estaba haciendo vieja. De todos modos casi tenía 25 años. En la aldea había conocido a un apuesto caballero llamado Alfredo. Le dijo a su papá que cuando el rey tomaba su siesta real, algunas veces Alfredo venía al castillo a verla y caminaban juntos por el jardín. Había pasado así algunos meses y ella y Alfredo se habían enamorado, y ahora Alfredo le había pedido su mano en matrimonio.

Well, you can imagine how old King George reacted. He was more than a little upset. His face turned red, then purple. He jumped out of his royal chair and threw his royal muffin in the air and tipped over his royal orange juice.

"Absolutely, positively no, no, no!" And that was his final answer.

He had heard of Alfred's brave deeds and good works, but never ever in a million years would he have thought that Genevieve would think of getting married.

Bueno, se puede imaginar la reacción del viejo rey Jorge. Estaba un poco más que disgustado. Su cara se puso roja, luego morada. Brincó de su silla real, y tiró su pan real por el aire y voló su jugo de naranja real.

"¡Absolutamente, positivamente, no, no, no!" Y esa fue su respuesta final.

Había escuchado de las proezas bravas y obras buenas de Alfredo, pero nunca ni en un millón de años podía él pensar que Genoveva pensaba en casarse.

Who would eat breakfast with him? Who would go biking with him or swim in the royal pool? He would be all alone and the thought was just too much for King George to take.

Of course Genevieve went weeping off to her room. She cried so much that the servants said that there was a little stream that flowed out from her bedroom door. She stayed in her room for three whole days. During this time, the king had a lot of time to cool off and to think about his decision.

¿Con quién desayunaría? ¿Con quién se pasearía en bicicletas o nadaría en la albera real? Estaría completamente solo y este pensamiento era demasiado para el rey Jorge .

Naturalmente Genoveva se fue llorando a su cuarto. Lloró tanto que los sirvientes dijeron que de la puerta de su recámara fluía una corriente. Se quedó en su cuarto por tres días sin salir. Durante este tiempo el rey tuvo mucho tiempo para pensar acerca de su decisión.

The next Monday night Alfred appeared at the castle and asked for Genevieve's hand. The king refused. On Tuesday night, Alfred came to the castle and asked for Genevieve's hand. The king refused. On Wednesday night the same thing happened. On Thursday night the same thing happened.

Friday night the king finally had a change of heart. He started thinking about his beautiful daughter and how the tears had flowed out her door. Was he maybe being just a bit selfish?

El próximo lunes por la noche, Alfredo vino al castillo a pedir la mano de Genoveva. El rey se opuso. El martes por la noche, Alfredo vino al castillo y pidió la mano de Genoveva. El rey se opuso. El miércoles por la noche, pasó lo mismo. El jueves por la noche lo mismo.

El viernes por la noche el rey finalmente cambió de parecer. Empezó a pensar en su hermosa hija Genoveva y como las lágrimas habían corrido por su puerta. ¿Quizás era él un poco egoísta?

But certainly he could not just give his daughter to Alfred. Alfred was going to have to earn Genevieve. But what kind of feat would be worthy of his daughter? Certainly not anything as easy as slaying a dragon. Besides there weren't any dragons. He thought and he thought and finally he had an idea!

He remembered his crumbling towers that surrounded the castle and the colored stones that lay in the brook. What if Alfred rebuilt the crumbling towers with beautiful stones of many colors?

Pero por supuesto él no podía regalar su hija a Alfredo. Alfredo tenía que ganarla. ¿Pero cuál hecho sería meritorio para ganar Genoveva? Por supuesto nada tan fácil como matar un dragón. Además no había dragones. ¡El pensó y pensó y al fin tuvo una idea!

Recordó sus torres que se desmoronaban alrededor del castillo y las piedras de colores que había en el riachuelo. ¿Qué si Alfredo reconstruía las torres que se desmoronaban con hermosas piedras de muchos colores?

The old king took a little walk down to the creek and looked at the stones. There were red stones, green stones, yellow stones, and blue stones.

As the old king looked at the stones, he thought, "I wonder how many different towers Alfred could build?" He thought that a tower with green, then red, then yellow, then blue stones would be different from a tower with red, then blue, then yellow, then green. Yes, that was it! Alfred would have to build as many towers as he could, but each tower must be different.

El rey caminó al riachuelo a ver las piedras. Había piedras rojas, piedras verdes, piedras amarillas y piedras azules.

Mientras el rey contemplaba las piedras, pensó y se preguntó ¿cuántas torres diferentes podría Alfredo construir? Pensó que una torre con verde, luego rojo, luego amarillo, después azul, sería diferente de una torre con rojo, luego azul, luego amarillo y después verde. ¡Sí, eso es! Alfredo tendría que construir tantas torres como podría, pero cada torre debería ser diferente.

The more that the old king thought, the harder this problem seemed to him; and that was good because he really wanted Alfred to have to earn his daughter's hand.

When Alfred came to the castle that night, the king proposed this problem to him. Of course Alfred accepted the challenge. The next day he began to work on the towers, but after about four towers Alfred couldn't think of any other ways to place the stones.

Can you help him? There are 24 ways to make the towers. Help Alfred out so that he can win the hand of Genevieve.

Lo más que pensaba el viejo rey, lo más difícil le parecía, y eso era bueno, porque realmente quería que Alfredo tendría que ganar la mano de su hija.

Cuando Alfredo llegó al castillo esa noche, el rey le propuso este problema. Por supuesto Alfredo aceptó el reto. Al día siguiente comenzó a trabajar en las torres, pero después de como cuatro torres, Alfredo no podía pensar en ninguna otra manera de colocar las piedras.

¿Le puedes ayudar? Hay 24 maneras de hacer las torres. Ayuda a Alfredo para que pueda ganar la mano de Genoveva.

The King and His Towers
Teacher's Guide

Objectives:
- To develop confidence in problem-solving
- To brainstorm ideas
- To promote flexibility of thought
- To make predictions
- To devise strategies

Problem:
To create 24 different towers using stones of four colors. Each tower must use all four colors. No color may be used more than once in any tower.

Example:

yellow	blue
red	yellow
green	red
blue	green

Solution:
See the next page. Watch for students who are using a strategy in their solution.

Kindergarten suggestion: Use only 3 colors of blocks with 6 possibilities. See worksheet on page 27.

Introduction:
Have students participate in a brainstorming session of everything that they know about the time of kings and castles. Words may be introduced such as:

knight	prince
princess	jousting
royalty	tower
dragon	king
queen	throne
servant	drawbridge

An analogy game may be played with medieval words such as:

A girl is to a princess as a boy is to a ___.
A prince is to a princess as a brother is to a ___.
A crown is to a king as a helmet is to a ___.

With young children, use only one analogy type. For example:

A king is to a castle as a mouse is to a ___.
A king is to a castle as a bird is to a ___.

Discussion Questions
1. Who do you think lives in the castle?
2. Why do you think that a castle needs towers?
3. Why do you think that no one has fixed up the castle?
4. What do you think the princess is going to tell the king?
5. Why do you think that the king got so upset? Do you think that he should have been so upset? Why or why not?

Objetivos:
- Para desarrollar confianza en resolver problemas
- Para idear
- Para promover flexibilidad de pensamiento
- Para hacer predicciones
- Para planear estrategias

Problema:
Crear 24 diferentes torres usando piedras de cuatro colores. Cada torre debe usar los cuatro colores. Ningún color debe usarse más de una vez en ninguna torre.

Ejemplo:

amarillo	azul
rojo	amarillo
verde	rojo
azul	verde

Solución:
Vea la próxima página. Observa a los estudiantes que están usando una estrategia en su solución. (Vea la solución en inglés)

Sugestión kinder: Que se usa solamente 3 colores con 6 posibilidades.

Introducción:
Que los estudiantes participen en una sesión de ideas acerca de todo lo que saben del tiempo de reyes y castillos. Se pueden introducir palabras como:

caballero	princesa
princesa	torneo
realeza	la torre
dragón	el rey
la reina	el trono
sirviente	puente levadizo

Un juego parecido se puede jugar con palabras medievales como:

La niña es a la princesa como el niño es al___.
El príncipe es a la princesa como el hermano es a la___.
La corona es al rey como el casco es al___.

Con estudiantes más jovenes, usa solamente un tipo de analogía. Por ejemplo:

El rey es al castillo como el ratón al___.
El rey es al castillo como el pájaro al___.

Ideas para discutir:
1. ¿Quien vive en el castillo?
2. ¿Por qué necesita torres el castillo?
3. ¿Saben porqué nadie ha arreglado el castillo?
4. ¿Qué va a decir la princesa al rey?
5. ¿Por qué se disgustó tanto el rey? ¿Crees que debía estar disgustado? ¿Por qué o por qué no?

Discussion Questions, continued

6. Do you think there is anything that the princess could do to make the king change his mind?
7. Why do you think that the king had a change of heart?
8. What are some things Alfred could do to win the hand of the princess?
9. How many different towers do you think are possible to build with four different colors of stones?
10. Build a couple of towers out of colored cubes and ask the class why these towers are not the same.
    Example:

green	green
blue	blue
red	yellow
yellow	red
11. Why do you think that Alfred was so quick to accept the challenge?

Follow-up Activities:
- After the students have figured out all the possible solutions, have them finish the story by answering the following questions: What happened to the king after the wedding? Was he left alone in the castle? What did Genevieve and Alfred do with the rest of their lives?

Related Stories:
Meredith Was Afraid - Mary Veen
King Rollo's Bath - David McKee
King Rollo's Search - David McKee
The Castle - Wendy Boase
The King Without Weapons - Franco Sautereau
King Nonn the Wiser - Colon McNaughton
The Butterfly That Stamped - Rudyard Kipling
Castle - David Macaulay
The Castle Story - Shelia Sancha
Castles - Beth Smith

6. ¿Hay algo que la princesa podría hacer para cambiar la mente del rey?
7. ¿Porqué tuvo el rey un cambio de parecer?
8. ¿Qué podría hacer Alfredo para ganar la mano de la princesa?
9. ¿Cuántas torres se puede construir con 4 colores diferentes de piedras?
10. Construya 2 torres y pregunte a la clase ¿por qué no son las mismas?
    Por ejemplo:

verde	verde
azul	azul
rojo	amarillo
amarillo	rojo
11. ¿Por qué aceptó Alfredo el reto tan rápido?

Actividades para continuar:
- Después de que los estudiantes hayan figurado todas la soluciones posibles, déjelos a ellos terminar la historia. ¿Qué pasó después de la boda con el rey? ¿Se quedó solo en el castillo? ¿Qué pasó con Genoveva y Alfredo el resto de sus vidas?

Otros libros relacionados con la historia:
El Rey Rollo y el Baño - David McKee
El Rey Rollo y el Rey Fermin - David McKee
El Rey Rollo y la Busqueda - David McKee
El Castillo - Wendy Boase
El Rey Sin Armas - Franco Sautereau
El Buen Rey Canuto - Colin McNaughton
Castillos - Jason Cooper
Marlin El Encantador - Dee Francis
El Principe Feliz - Zoraida Vazquez
La Princesa Vestida con una Bolsa de Papel - Robert N. Munsch
Bamba - El Rey Gordo - Merce Co. Spain

Solution: r = red (rojo), b = blue (azul), g = green (verde) y = yellow (amarillo)

r	r	r	r	r	r	b	b	b	b	b	b
b	b	g	g	y	y	r	r	g	g	y	y
y	g	b	y	b	g	g	y	r	y	r	g
g	y	y	b	g	b	y	g	y	r	g	r

g	g	g	g	g	g	y	y	y	y	y	y
b	b	r	r	y	y	b	b	r	r	g	g
r	y	b	y	b	r	g	r	b	g	b	r
y	r	y	b	r	b	r	g	g	b	r	b

The King and His Towers
El Rey Y Sus Torres

Name (nombre) _____

Color the 24 towers using the colors green, red, yellow and blue. Make each tower have a pattern that is different from the other towers.

Colorea las 24 torres usando los colores verde, rojo, amarillo y azul. Cada torre necesita tener un ejemplo que sea diferente que las otras torres.

example - ejemplo

red rojo	red rojo
blue azul	yellow amarillo
yellow amarillo	blue azul
green verde	green verde

© 1994 Dandy Lion - Thinking Stories 1

The King and His Towers

El Rey Y Sus Torres

Name (nombre) _____

Color the 6 towers using the colors red, yellow and blue. Make each tower have a pattern that is different from the other towers.

Colorea las 6 torres usando los colores rojo, amarillo y azul. Cada torre necesita tener un ejemplo que sea diferente que las otras torres.

The Moving Company
La Compania de Mudanza

Joe and Willy have a moving company. When people are going to change houses, Joe and Willy move all of their things to the new house. They have a big yellow van that says **MOVING IS US.** They have moved people across the street, across the town, across the state, across the country, and across the world.

José y Memo tienen una companía de mudanza. Cuando la gente va a mudar de casa José y Memo mueven todas sus cosas a la casa nueva. Ellos tienen un carro de carga amarillo que dice: MUDANZA SOMOS NOSOTROS. Ellos han cambiado gente de una calle a la otra, a través de la ciudad, a través del estado, a través del país, y a través del mundo.

You might imagine that Joe and Willy have a lot of muscles because they have to move things like sofas, four-poster beds and pianos. It is very hard to move a piano, and just last week they had to move one down three flights of stairs. The moving business is not an easy job!

But they say the worst part of this business is when they have to pack up Grandma's one hundred-year-old tea set or they have to move somebody's great aunt's antique china. They have to be so careful not to crack it, scratch it, or heaven forbid, break it.

Puedes imaginarte que José y Memo tienen muchos músculos porque ellos mueven cosas como sillones, camas y pianos. Es muy difícil mover un piano, y solamente la semana pasada tuvieron que bajar un piano tres grupos de escaleras. ¡El trabajo de mundanza no es algo fácil de hacer!

Pero ellos dicen que lo peor de este negocio es cuando ellos tienen que empacar el juego de té que tiene más de cien años de antiguidad de una abuelita, o que tienen que mover la vajilla antigua de porcelana de una tia-abuela. Tienen que ser tan cuidadosos de no henderla o rallarla, o Dios nos libre, de quebrarla.

They had always thought that breaking china was their worst problem until one day when they got a call at MOVING IS US from a lady named Mrs. Flattlebub. Mrs. Flattlebub wanted to be moved from the city to a farm as soon as possible, and she wanted Willy and Joe to help.

Now Mrs. Flattlebub sounded perfectly normal on the phone, except for every once in a while there was some quacking in the background. They should have suspected that something was just a little weird.

Siempre han pensado que quebrar vajillas de porcelana sería lo peor que les podía suceder hasta que un día recibieron una llamada a MUDANZA SOMOS NOSOTROS de una señora llamada Flattlebub. Esta señora se quería cambiar de la ciudad a una granja lo más pronto posible, y quería que José y Memo la ayudaran.

Ahora, la señora Flattlebub parecía perfectamente normal por teléfono, excepto que de vez en cuando escuchaba como que hacía "quack" en el fondo. Debían ellos de haber sospechado que algo estaba un poco raro.

Joe and Willy just got into their big yellow van and they drove over to Mrs. Flattlebub's house that very next day. As they arrived at the house, they did notice that things appeared a little different. For one thing the address on the house was upside down. There were puddles all around the front yard even though it hadn't rained in the last two weeks. And when the men stepped on the welcome mat to ring the doorbell, they noticed that welcome was spelled backwards so it said "emoclew".

José y Memo se subieron a su camión amarillo y manejaron a la casa de la señora Flattlebub al día siguiente. Al llegar a la casa, notaron que las cosas parecían un poco diferentes. Por ejemplo, la dirección en la casa estaba boca abajo. Había charcos alrededor del patio enfrente, a pesar de que no había lluvia en las dos últimas semanas. Y cuando ellos se pararon en el tapete que decía bienvenidos para tocar el timbre, notaron que bienvenidos estaba escrito de atrás para enfrente. Para decir "sodinevneib."

They waited for awhile for someone to come to the door, and sure enough Mrs. Flattlebub finally came. She seemed like a regular woman despite what Joe and Willy had noticed on the outside of the house.

She was just a little heavy, so Joe thought that was probably why she walked with a little waddle. She wore an apron and had a bandanna wrapped around her head. She had on a big pair of sunglasses that she never took off, even though they were in the house.

Esperaron un rato hasta que alguien vino a la puerta, y por supuesto que vino la señora Flattlebub. Parecía una señora normal a pesar de lo que habían notado al llegar a la casa.

Estaba un poco pasada de peso, así que José pensó que era por eso que caminaba por anadeo. Ella usaba un mandil y tenía una pañoleta alrededor de su cabeza. Tenía puesto un par de lentes para el sol que nunca se quitó, aun cuando estaban adentro de la casa.

As they followed her, the men noticed all sorts of pictures around the room. There were pictures of swans and lots of mallards. There were pictures of ospreys and robins. "This Mrs. Flattlebub sure must be bird-lover," thought Willy.

Willy and Joe followed Mrs. Flattlebub into the living room. "Let's just sit down and have a cup of tea before we start the job." As she waddled out for the tea, the men did notice an egg on the sofa right where she had been sitting.

Al seguir detrás de ella, los muchachos notaron toda clase de retratos en el cuarto. Había retratos de cisnes y de patos silvestres, quebrantahuesos y de petirrojos. "De seguro que le gustan mucho las aves a la señora Flattlebub," pensó Memo.

Memo y José siguieron a la señora Flattlebub hasta la sala de la casa. "Vamos a sentarnos a tomar una taza de té antes de comenzar el trabajo." Así que mientras ella se contoneaba de un lado al otro al ir por el té, los muchachos notaron un huevo en el sofá exactamente donde ella había estado sentada.

Actually the men found Mrs. Flattlebub quite charming. As they drank tea she chatted on and on about how the city with all of its noise and traffic was driving her mad. She couldn't wait to get to the peace of the country. As she talked about her move, Mrs. Flattlebub just happened to dangle her shoe off her foot; and as Willy glanced down, he could have sworn that she had a web between her big toe and second toe.

Mrs. Flattlebub told the boys that she would really like them to start packing that very day, but she said that first she had a few things to explain to them.

En efecto, los muchachos pensaban ya que la señora Flattlebub era muy simpática. Mientras tomaban el té charlaban y ella les decía como la ciudad con su ruido y tráfico la volvían loca. Casi no podía esperar para estar en paz en el campo. Mientras hablaba acerca de su cambio de residencia, la señora Flattlebub se bamboleó y sacó su zapato de su pie. Y al observar esto, Memo casi podía jurar que tenía una membrana en medio de su dedo gordo y el segundo dedo.

La señora Flattlebub les dijo que le gustaría que comenzaran a empacar ese mismo diá, pero les dijo que primero les tenía que explicar algunas cosas.

"Follow me into the kitchen and I'll show you what I'd like you to do."

She opened the cupboard. To Willy and Joe it looked like a cupboard full of cups. But Mrs. Flattlebub proceeded to tell the men that they were her vincas and that she wanted them all in one box packed with extra care because, after all, they were breakable.

"Now," rattled on Mrs. Flattlebub, "this is a vinca and this is a vinca." She continued pulling out what looked to Willy and Joe like plain old cups. "But," she continued, "this is not a vinca and this is not a vinca. So be sure and don't put anything but vincas in the box."

"Síganme a la cocina, y les voy a mostrar lo que quiero que hagan."

En seguida ella abrió el armario. Para Memo y José parecía un armario lleno de tazas. Pero la señora Flattlebub les dijo que estas eran sus vincas y que las quería todas empacadas en una caja con mucho cuidado, pues después de todo, eran quebradizas.

"Ahora," parloteó la señora Flattlebub, "esta es una vinca, y esta es una vinca." Continuó sacando lo que para Memo y José parecían tazas viejas. "Pero," ella siguió diciendo, "esta no es una vinca, y esta no es una vinca. Así que estén seguros de no poner más que vincas en esta caja."

Willy and Joe just looked at each other with big question marks in their eyes. Before they could ask her what a vinca was, she was waddling off to the bedroom.

And when they all got to the bedroom (which looked more like a nest than a bedroom), Mrs. Flattlebub began pulling out of the closet what looked to Willy and Joe like bunches and bunches of shoes.

"Now, boys, after you pack my vincas, I want you to start on my niptos. This is a nipto and so is this. This is another nipto and so is this."

Memo y José se vieron uno al otro con signos de interrogación en sus miradas. Antes de que le pudieran preguntar que cosa era una vinca, se salió contoneándose del cuarto hacía la recámara.

Y cuando ellos llegaron a la recámara (que parecía más un nido que una recámara) la señora Flattlebub empezó a sacar del ropero lo que para Memo y José parecía montones y montones de zapatos.

"Ahora, muchachos, después de que empaquen mis vincas, quiero que sigan con mis niptos. Este es un nipto y este también. Este es otro nipto y este también."

Willy reached in and pulled out what looked to him like a pair of shoes.

"No, no, no," exclaimed Mrs. Flattlebub. "Those are not niptos. Can't you tell the difference?"

But before they knew what was happening, Mrs. Flattlebub was leading them into the greenhouse to show them her urpas (which sure looked like plants), and then into the living room to tell them about her flitos (which Willy could have sworn were lampshades).

Así que Memo se agachó y cogió lo que, para él, parecía un par de zapatos.

"No, no, no," exclamó la señora Flattlebub. "Esos no son niptos. No puedes notar la diferencia?"

Pero antes de que entendieran lo que estaba sucediendo, la señora Flattlebub los estaba dirigiendo hacía el invernadero para mostrarles sus urpas (lo que en realidad parecían plantas); y luego hacía la sala para decirles como empacar sus flitos (lo que Memo podía jurar que eran pantallas de lámpara).

Before they knew what was happening, Mrs. Flattlebub said that she must be off to do her errands to buy worms or float around or take a short flight. Willy and Joe just looked at each other in utter amazement. They sure hadn't ever met anyone like Mrs. Flattlebub.

They returned to the kitchen to start their first project, but Joe and Willy were stumped. They looked at all the things that Mrs. Flattlebub had said were vincas and all the things that she had said were not vincas and they couldn't figure out what a vinca was.

Perhaps you can help them with this problem. Willy and Joe would like to get out of this house as soon as possible. They can only do this with your help.

Antes de que comprendieran lo que estaba sucediendo, la señora Flattlebub les dijo que tenía que hacer algunas mandados. Tenía que comprar lombrices, flotar un poco o volar un poco. Memo y José se vieron uno al otro todos desconcertados. Nunca habían conocido a nadie como ella.

Regresaron a la cocina para comenzar con su primer proyecto, pero José y Memo estaban perplejos. Veían todas las cosas que la señora Flattlebub había dicho que eran vincas y todas las que había dicho que no eran vincas y no podían determinar que era una vinca.

Quizá tú les puedes ayudar con este problema. Solamente pueden hacerlo con tu ayuda. Memo y José quisieran salirse de esta casa lo más pronto posible.

The Moving Company
Teacher's Guide

Objectives:
- To recognize an attribute common to a group of objects
- To make relationships
- To compare and contrast
- To ignite the imagination

Problem:
Students will look at a series of objects and try to determine what common attribute places them all in the same category. By comparing them to another group that lacks the attribute they will be able to determine from a third group what belongs in the first category and what doesn't. For example:

This is a vinca.

This is a vinca.

This is not a vinca.

Is this a vinca?

Solution:
Vincas are 2, 5, 6

Niptos are 1, 2, 4

Urpas are 3, 4, 6

Flitos are 1, 3, 5

Introduction:
To introduce this story, students may need help with the concept of attributes. You might group students together with one common attribute without telling them what they have in common. Examples might be all those students who are female, all who have yellow shirts on, or all who have blue eyes. You might try more obscure attributes, such as all children who have on shoes that tie or all those with pierced ears. You then might have the children guess why they were grouped in that way. Have one student designate groups and other students guess the criteria for the grouping. After the idea of attribute is established, you might give the children lists of objects with one object that doesn't fit. They must determine why that one does not belong. An example might be: lettuce, onions, bananas, cabbage, and beets.

Discussion Questions
1. How do you think that they got a piano down three flights of stairs?
2. Why do you think that Mrs. Flattlebub's house had the puddles around the house, the address upside down and the welcome mat spelled backwards?

Objetivos:
- Reconocer características similares en un grupo de objetos
- Formar relaciones
- Comparar y contrastar
- Despertar la imaginación

Problema:
Los estudiantes observarán un grupo de objetos y tratarán de determinar que característica en común los agrupa en la misma categoría. Comparándolos con otro grupo que no tiene la misma característica, podrán ellos determinar de un tercer grupo lo que pertenece en la primera categoria y que no pertenece. Por ejemplo:

Esto es una vinca.

Esto es una vinca.

Esto no es una vinca.

¿Es esto una vinca?

Solución:
Vincas son 2, 5, 6

Niptos son 1, 2, 4

Urpas son 3, 4, 6

Flitos son 1, 3, 5

Introducción:
Al presentar esta historia a los estudiantes quizá necesitan ayuda con el concepto de atributos o características. Puedes agrupar a los estudiantes que tengan una misma característica en común sin decirles a ellos lo que tienen en común. Por ejemplo: todos las estudiantes femininas o todos los que tienen camisas amarillas o todos los que tienen ojos azules. Puedes tratar de agruparlos de acuerdo con atributos o características menos notables como todos los que traen zapatos que se amarran, o todos los que tienen orejas perforadas, etc. Luego deben ellos tratar de adivinar porque están agrupados en esa manera. Algunos estudiantes pueden están agrupados y otros tratan de adivinar.

Después de que han comprendido el concepto de los atributos puedes dar a los estudiantes listas de objetos con un objeto que no va en el grupo y ellos deben determinar cual de ellos no pertenece allí. Un ejemplo puede ser: lechuga, cebolla, plátanos, repollo y betabeles.

Ideas Para Discutir:
1. ¿Cómo crees que pudieron bajar un piano de tres juegos de escaleras?
2. ¿Porqué crees que la casa de la señora Flattlebub tenía charcos alrededor de la casa, la dirección boca abajo y el tapete de bienvenida escrito de atrás hacia adelante?

Discussion Questions, continued

3. Why do you think that the bedroom looked more like a nest than a bedroom?
4. Why do you think that Mrs. Flattlebub had different names for things?
5. What do you think that a duck-woman does with her time?
6. What made Mrs. Flattlebub look like a woman?
7. What made her like a duck?

Follow-Up Activities:

- Once students have determined what a vinca, a nipto, an urpa, and a flito are, have them cut out those that belong in each category and paste them or place them in their respective boxes.
- Have students make up their own objects with one attribute in common and give them a name. Have them draw other objects that wouldn't belong. Give them to the class to solve. Students could develop an entire book of these type of problems.

3. ¿Porqúe crees que la recámara parecía más un nido que un dormitorio?
4. ¿Porqúe crees que la señora Flattlebub tenía nombres diferentes para sus cosas?
5. ¿Qué crees que una mujer-pata hace con su tiempo?
6. ¿Qué hacía a la señora Flattlebub parecer como una mujer?
7. ¿Qué hacía parecer como una pata?

Actividades Para Continuar:

- Una vez que los estudiantes han decidido lo que una vinca, un nipto, una urpa y un flito son, déjelos que recorten los que pertencen en una misma categoría y que los peguen en sus cajas respectivas. Permita que los niños formen sus propios objetos con un atributo en común y que le pongan un nombre. Que dibujen en seguida otros objetos diferentes que no corresponden. Déselos a la clase para que lo resuelvan.
- Los estudiantes pueden formar un libro completo con esta clase de problemas.

The Moving Company
La Companía de Mudanza

These are vincas.   *Estas son vincas.*

These are not vincas. *Estas no son vincas.*

Cut out all the vincas and place them in the vinca box.
Recorta todas las vincas y ponlas en la caja de vincas.

1.   2.   3.

4.   5.   6.

These are urpas.   *Estas son urpas.*

These are not urpas. *Estas no son urpas.*

Cut out all the urpas and place them in the urpa box.
Recorta todas las urpas y ponlas en la caja de urpas.

1.    2.   3.

4.   5.    6.

The Moving Company
La Companía de Mudanza

These are niptos. *Estos son niptos.*	These are not niptos. *Estos no son niptos.*

Cut out all the niptos and place them in the niptos box.

Recorta todos los niptos y ponlos en la caja de niptos.

1.    2.    3.

4.    5.    6.

These are flitos. *Estos son flitos.*	These are not flitos. *Estos no son flitos.*

Cut out all the flitos and place them in the flitos box.

Recorta todos los flitos y ponlos en la caja de flitos.

1.    2.    3.

4.    5.    6.

© 1994 Dandy Lion - Thinking Stories 1

The Moving Company
La Companía de Mudanza

Name (nombre) _____

Paste the vincas, niptos, urpas and flitos in the correct boxes.
Pega las vincas, los niptos, las urpas, y los flitos en las cajas propias.

vincas	niptos
urpas	**flitos**

Who's Been Jumping on the Bed?
¿Quién Ha Estado Brincando en la Cama?

Mr. and Mrs. Garcia lived in a big two-story house on Park Street. They really needed this size house because Mr. and Mrs. Garcia had a very large family. They had three sets of triplets — nine children.

There were Beauregard, Biltmore and Boxer. They were all ten years old. Then there were Mortimer, Milton and Maxwell. They were all eight. And last, but not least, were Herman, Hector and Harry; and they were all six.

Mr. and Mrs. Garcia loved each and every one of those boys very much, but you had better believe that there was a lot of action in the Garcia household.

El señor y la señora García vivían en una casa grande de dos pisos en la calle Park. En realidad necesitaban una casa de ese tamaño porque tenían una familia muy grande. Tenían tres trillizos — nueve niños.

Eran Beauregard, Biltmore y Boxer. Ellos tenían diez años de edad. Luego estaban Mortimer, Milton y Maxwell. Ellos tenían ocho años. Y por último estaban Herman, Hector y Harry. Todos ellos tenían seis años.

El señor y la señora García amaban mucho a cada uno de esos niños, pero tienes que creer que había mucha acción en la casa de los García.

Mr. Garcia was a lawyer, but on the side he was also an inventor. He was always thinking up contraptions to catch people doing things that they really shouldn't be doing. Mrs. Garcia was also a lawyer. They were so busy with their jobs and the children that they needed a housekeeper. Mrs. Tiddlebunk was the housekeeper, and she had been with the family for twelve years. She had been old when she started working for the Garcias, and now she was really old!

El señor García era un abogado y además era un inventor. Siempre estaba pensando en divisas para capturar gente haciendo cosas que no debe de hacer. La señora García también era abogada. Estaban tan ocupados con sus trabajos y con sus niños que necesitaban una ama de casa. La señora Tiddlebunk era la ama de casa y había estado con la familia por doce años. ¡Ya era mayor de edad cuando empezó a trabajar con los García, y pues ahora en realidad estaba muy vieja!

Mrs. Tiddlebunk kept very busy all day washing the clothes, hanging them out, doing the endless dishes, dusting, and sweeping. During the day she had lots of energy, but at night poor old Mrs. Tiddlebunk was always just exhausted and would fall asleep in her rocking chair even before the news was over on T.V.

This was really a problem when Mr. and Mrs. Garcia had to go out at night together, because that meant that they had to leave Mrs. Tiddlebunk in charge of all the boys. Who knows what would happen at the Garcia house on those nights?

La señora Tiddlebunk se pasaba muy ocupada todo el día lavando la ropa, tendiéndola fuera, lavando los platos sin fin, sacudiendo y barriendo. Durante el día, ella tenía mucha energía, pero en la noche la pobrecita vieja de la señora Tiddlebunk siempre estaba exhausta y se quedaba dormida en su mecedora aun antes de que terminaran las noticias en la televisión.

Así que era un verdadero problema cuando los señores García tenían que salir juntos por la noche; porque eso quiería decir que tenían que dejar a la señora Tiddlebunk a cargo de los niños, y quien sabe que podría suceder en la casa de la familia García en esas noches.

For one thing Mrs. Tiddlebunk couldn't tell the triplets apart. Since the triplets were identical you can understand how she could mix up Beauregard with Biltmore and confuse Mortimer with Milton and think that Hector was Harry. So when someone didn't eat his dinner or someone let the bathtub run over or someone left the back gate open and let the dog escape, Mrs. Tiddlebunk was never quite sure who had done it. So she never could really report anything to Mr. and Mrs. Garcia when they came home. Besides the triplets only did their worst mischief after Mrs. Tiddlebunk went to sleep.

En primer lugar la señora Tiddlebunk no podía reconocer a los trillizos aparte. Siendo que los trillizos eran idénticos, puedes entender como podía confundir a Beauregard con Biltmore, y a Mortimer con Milton y pensar que Hector era Harry. Así que cuando alguno no comía su cena o alguno dejaba el agua correr en el baño o alguno dejaba el portón atrás abierto y se salía el perro, la señora Tiddlebunk nunca sabía quien lo había hecho. Así que no podía realmente reportar nada a los señores García cuando regresaban a casa. Aparte de que los trillizos se portaban mal después de que la señora Tiddlebunk se dormía.

On those nights when the Garcias went out, as soon as Mrs. Tiddlebunk was safely tucked away in her bed, the action would begin. The triplets were pretty clever. They always managed to clean up all the evidence from what had happened before their parents got home. So even when there were big pillow fights, the feathers were always cleaned up in time. Even if they got into Mr. Garcia's shaving cream or Mrs. Garcia's powder, they always made sure that everything was in tip-top shape by the time their parents returned. Except for one night that no one will forget.

¡Esas noches, cuando los señores García habían salido, tan pronto como la señora Tiddlebunk se había acostada en su cama, la acción comenzó! Pero los trillizos eran muy ingeniosos. Siempre se la ingeniaban para limpiar toda la evidencia de lo que había sucedido antes de que regresaran sus papás. Así si habían peleas con almohadas, siempre limpiaban las plumas en tiempo. Así si habían jugado con la crema de afeitar del señor García o el talco de la señora García, siempre se aseguraban de que todo estuviera en su lugar para cuando sus padres regresaban. Con excepción de una noche que nadie olvidaría.

On that particular night Mr. and Mrs. Garcia had gone out for the evening. Mrs. Tiddlebunk, being especially tired, had tucked all the triplets into their little beds, and then had tucked herself safely into her own bed. Little did she know that those triplets waited just enough time to know that Mrs. Tiddlebunk was sound asleep, then they all met in their mom's and dad's bedroom to do their very favorite activity — jump on the king-size bed.

En ese noche en particular los señores García habían salido. La señora Tiddlebunk, estando muy cansada, había acostado a todos los trillizos en sus pequeñas camas y luego se había acostada ella en su propia cama. Ella no se imaginaba que los trillizos sólo esperaban que ella se durmiera. Luego todos ellos se juntaron en la recámara de sus papás para hacer su actividad favorita — brincar en la cama gigante.

Usually it was just Beauregard who jumped, because he was the naughtiest of the nine, but this night first one and then another joined their brother. Just as they were having the time of their lives, they all heard something snap and they felt themselves crashing to the floor. You know, of course, what had happened. They had broken the bed.

Well, everyone of those little triplets just ran as fast as their little legs could carry them and got back into their beds as if nothing had happened. They knew that this time they had done something that they couldn't fix before Mr. and Mrs. Garcia got home.

Usualmente era sólo Beauregard quien brincaba, porque, era lo más travieso de los nueve, pero esta noche primero uno y después otro se juntaron con su hermano. Y cuando se estaban divirtiendo de lo lindo, todos escucharon algo que se quebró y sintieron que se estrellaban en el piso. Tu sabes, por supuesto lo que sucedió. Habían quebrado la cama.

Bueno, cada uno de esos pequeños trillizos corrieron tan rápido como sus pequeñas piernas les permitieron, y se acostaron en sus camas como si nada hubiera sucedido. Ellos sabían que esta vez habían hecho algo que ellos no podían componer antes de que los señores García regresaran.

Everyone in the house was awakened at 2:00 a.m. by Mr. Garcia yelling and Mrs. Garcia screaming because they weren't used to having their mattress on the floor, and that was exactly where it was since the triplets had broken the bed.

Mr. and Mrs. Garcia walked into the bedrooms and woke up every one of those boys and marched them into the master bedroom to look at the king-size bed.

Todos en la casa despertaron a las 2:00 a.m. por los gritos de los señores Garcia, porque no estaban acostumbrados a ver el colchón de su cama en el piso, y allí es donde precisamente se encontraba desde que los trillizos habían quebrado la cama.

Los señores García entraron a las recámaras y despertaron a cada uno de los niños y los llevaron a la recámara de ellos para que vieran su cama gigante.

Mr. Garcia with his most disgruntled look lined all those little boys up and asked, "All right, now who's been jumping on our bed?"

Of course, no one said anything and everyone of those triplets just looked down at the floor.

"I asked who's been jumping on the bed?" This time it was just a little bit louder, but still there was only silence.

"All right, I guess that I'll just have to pull out my latest invention for catching kids who are jumping on beds."

El señor García, con su mirada disgustada, formó en linea a los niños y preguntó, "¿Bueno, quién ha estado brincando en nuestra cama?"

Por supuesto nadie dijo nada y cada uno de los trillizos solo miraba hacía el piso.

"Pregunté ¿quién ha estado brincando en la cama?" Esta vez era un poco más fuerte, pero aun así sólo había silencio.

"Muy bien, creo que tendré que sacar mi último invento para descubrir niños que brincan en las camas."

And sure enough, Mr. Garcia reached under the mattress and pulled out a strange little contraption that looked something like a meter. Mr. Garcia held it up to the light and adjusted his bifocals and then began to read.

"Well, kids, according to my new invention here, there were 222 pounds on the bed when the slats gave way." He continued to read his meter. "There were five people jumping." Of course, no one could believe that Mr. Garcia could have created such an invention to catch his little triplets, but everyone knew how much Mr. Garcia enjoyed catching people doing things that they weren't supposed to be doing.

Y por supuesto el señor García sacó debajo del colchón un extraño y pequeña divisa que parecía un medidor. El señor García lo detuvo arriba, hacia la luz, ajustó sus bifocales y comenzó a leer.

"Bueno, muchachos, de acuerdo con mi nuevo invento aquí, había 222 libras en la cama cuando las tablillas se quebraron." Continuó leyendo el medidor. "Había cinco personas brincando." Por supuesto nadie podría creer que el señor García podía pensar en inventar algo para descubrir a sus pequeños trillizos, pero todos sabían como gozaba el señor García cogiendo personas haciendo cosas que no debían.

"Now all I need to know is one thing. I need to know just how much you all weigh. Now just march your little bodies into the bathroom and we will have this mystery solved in no time."

And even though everyone was very tired, Mr. Garcia started putting every boy on the scale one by one and writing down just what they weighed.

"Ahora, sólo necesito saber una cosa." Yo necesito saber lo que pesa cada uno de ustedes. Ahora marchen todos hacia el baño y resolveremos este misterio ahora mismo."

Y a pesar de que todos estaban muy cansados ya el señor García empezó a colocar a cada en la balanza uno por uno y escribió lo que cada uno de ellos pesaba.

Then Mr. Garcia let all of the triplets go back to bed. He and Mrs. Garcia took all the numbers back to bed with them to figure out exactly who the culprits had been. Even though the mattress was on the floor Mrs. Garcia was asleep as soon as her head hit the pillow, but Mr. Garcia wasn't going to go to sleep until he had this problem resolved. But poor old Mr. Garcia, as clever as he was, was very tired by this time and his brain just didn't seem to be working like it should.

Could you help him out and figure out exactly what five boys were jumping on the bed?

Luego el señor García dejó que todos los trillizos se fueran a acostar. El y la señora García se llevaron todos los números con ellos a la cama para descifrar quien había sido el culpable. No obstante que el colchón estaba en el piso, la señora García se durmió tan pronto como puso la cabeza en la almohada, pero el señor García no se iba a dormir hasta que resolviera este problema. Pero el pobre viejo del señor García, a pesar de su ingenio, estaba demasiado cansado y su cerebro no parecía ya estar trabajando como debía.

¿Podrías tú ayudarle a figurar exactamente cuales cinco trillizos estaban brincando en la cama?

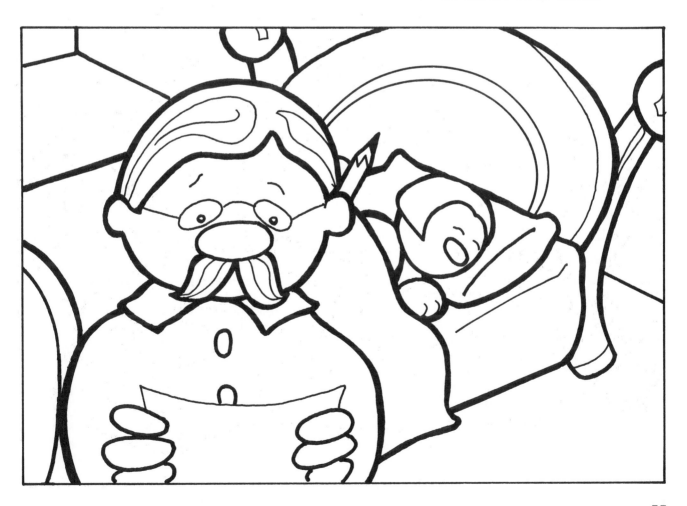

Who's Been Jumping on the Bed?
Teacher's Guide

Objectives:
- To link mathematics to storytelling
- To make predictions
- To develop deductive reasoning
- To develop problem-solving skills
- To promote the development of a problem-solving strategy

Problem:
Students are to figure out which five triplets were on the bed when the bed broke. They are given the total weight, the weight of each child, and the number on the bed.

Solution:
Biltmore - 55 pounds
Beauregard - 60 pounds
Mortimer - 45 pounds
Hector - 32 pounds
Herman - 30 pounds

Introduction:
There are a number of ways this story might be introduced. Students might be led into a discussion of the problems that having twins or triplets in the family might cause.

They also might discuss baby-sitters that they have had and relate stories about their adventures when mom and dad were gone. What could happen if you take advantage of your baby-sitter? A book of rules to follow when mom and dad go out might be an interesting follow-up project.

Discussion Questions:
1. How many children did the Garcias have?
2. Was Mrs. Tiddlebunk with the Garcias before they had children? How do you know?
3. How do you think that Mrs. Tiddlebunk could resolve the problem of confusing the triplets.
4. Do you think that they will get away with their mischief? Why or why not?
5. What is the one thing that Mr. Garcia needs to know?

Follow-Up Activities:
- What happened to the triplets once Mr. Garcia figured out who had broken the bed? How do you think that Mr. and Mrs. Garcia could teach the boys a lesson? How do you think that Mr. Garcia's device worked? Give the students additional problems: For example: *3 triplets with 89 pounds (Herman, Harry, and Hector) or 4 triplets with 172 pounds (Beauregard, Biltmore, Harry, and Herman)*
- Have the students make up their own problems. If there is more than one possibility for an answer, how might the Garcias determine the culprit?

Objectivos:
- Relacionar matemáticas con el relato de cuentos
- Hacer predicciones
- Desarrollar razonamiento deductivo
- Desarrollar destrezas para resolver problemas
- Promover estrategias

Problema:
Los estudiantes deben figurar cuales cinco trillizos estaban en la cama cuando la cama se quebró. Se les dio el total del peso, el peso de cada niño y el número de ellos en la cama.

Solucion:
Biltmore - 55 libras
Beauregard - 60 libras
Mortimer - 45 libras
Hector - 32 libras
Herman - 30 libras

Introduccion:
Hay diferentes maneras en que esta historia puede ser presentada. Los estudiantes pueden ser dirijidos a discutir acerca de los problemas que se presentan cuando hay gemelos o trillizos en la familia. Pueden tambien pensar acerca de niñeras que ellos mismos han tenido y relatar las aventuras que tienen cuando mamá y papá no están. ¿Qué sucede si tomas ventaja de la persona que te cuida? Un libro de reglas a seguir cuando mamá y papá no están sería un proyecto interesante.

Ideas Para Discutir al Leer la Historia:
1. ¿Cuántos niños tenían los señores García?
2. ¿Estaba la señora Tiddlebunk con los García antes de que tuvieran ellos familia? ¿Cómo sabes?
3. ¿Cómo crees que podía la señora Teddlebunk resolver el problema para no confundir a los trillizos?
4. ¿Crees que se podrán librar con lo que hicieron en esta ocasión?
5. ¿Qué es lo que necesita saber el señor García?

Activdades Para Continuar:
- ¿Qué pasará a los trillizos una vez que el señor García se enteró quien quebró la cama? ¿Cómo piensas que los señores García les pueden dar una lección a los niños? ¿Cómo crees que trabajaba la divisa del señor García? De a los estudiantes problemas adicionales. Por ejemplo: 3 trillizos con 89 libras (Herman, Harry, y Hector) y 4 trillizos con 172 libras (Beauregard, Biltmore, Hector y Herman)
- Permita que los estudiantes formen sus propios problemas. ¿Si es que existe más de una posible solución como podrán los Garcías saber quien es el responsable?

Who's Been Jumping on the Bed?
¿Quién Ha Estado Brincando en la Cama?

Name (nombre) _____

The weight of the boys who were on the bed when it broke was 222 pounds. Here are the weights of the nine boys. Draw a circle around the five who were jumping on the bed when it broke.

El total del peso de los niños que estaban en la cama cuando se quebró era 222 libras. Aquí estañ los pesos de los nueve niños. Dibuja un círculo alrededor de los cinco que estaban brincando en la cama cuando se quebró.

Beauregard	**Harry**	**Maxwell**	**Boxer**	**Mortimer**
60	27	35	50	45

Hector	**Milton**	**Biltmore**	**Herman**
32	40	55	30

Additional Thinking Activities
Instructions and Answers

Page 59 - Bunny Logic

This is an exercise in deductive logic. By reading the clues, students should be able to match each bunny with a favorite food, either strawberries, lettuce or carrots.

Answers - smallest - lettuce; middle-sized - strawberries; largest - carrots

Page 60 - Bunny Comparisons

Students should select another animal and draw a picture of the animal in the other box or you can provide pictures of animals that they can select and paste in the box. They should then compare the animal to the rabbit, telling what ways they are alike and what ways they are different. Give students plenty of time so they can go beyond the obvious points and think of more creative or subtle comparisons. Answers will vary.

Page 61 - Similar Stuff

Tell students that Joe and Willy had packed several boxes of things when they remembered that Mrs. Flattlebub was very particular that only things that are similar be put in the same box. In the boxes on the worksheet there is one thing that does not belong. Have them look at the items in each box, determine what common characteristic the items have and cross out the one item that is different.

Answers - 1. motorcycle 2. mitten 3. carrot 4. sun
5. barbells

Page 62 - Toppled Tower

Here is a puzzle that shows the king's tower when it was in pieces. Have students cut out the gray pieces and fit them together so they fit into the white rectangle on the left. This activity requires the ability to visualize and also perseverance.

Answer - Pieces will fit the rectangle perfectly.

Page 63 - Peek-a-Boo

In this activity students are given visual clues that they must match with verbal descriptions. It requires the ability to pay attention to detail and to visualize.

Answers - shortest - 7; tallest - 3; chewing gum - 4;
birthday party - 5; sky - 1; flowers - 6; book - 2; hat - 8

Page 64 - Brothers' Line Up

This worksheet is an exercise in deductive logic. By reading the clues, students should be able to discover the arrangement of the five boys. If younger students have trouble knowing their left from their right, you might desinate the left side of the paper as the head or front of the line, and for the third clue substitute "Biltmore is standing in front of Maxwell."

Answers - from left to right - Milton, Harry, Hector, Biltmore, Maxwell.

Página 59 - Lógica de Conejito

Este ejercicio requiere que los estudiantes usen razonamiento deductivo. Duplique la hoja y lea las claves a los estudiantes, o permita que ellos las lean. Usando las claves, ellos podrán decidir cual alimento le gusta a cada conejito y pondrán una raya entre el conejito y su comida predilecta.

Respuestas: pequeño - lechuga; mediano - fresas; grande - zanahorias

Página 60 - Comparasiones

Haga que los estudiantes piensen en otro animal y que dibujen ese animal en la caja. Después permita que hagan una lista de las maneras en que su animal y el conejo son iguales o diferentes. Dé tiempo suficiente para pensar, no solamente en las similitudes o diferencias que son evidentes, sino tambien a las comparasiones que no son tan evidentes. Las respuestas pueden variar.

Página 61 - Grupos

Los estudiantes deben estudiar los detalles en cada grupo y tachar las cosas que no pertenecen allí. Como otro desafío puede hacer que los alumnos describan o etiqueten los grupos y pueden agregar algo más a cada grupo.

Respuedstas: 1. moto 2. mitón 3. zanahoria 4. sol
5. equipo de halterofilia

Página 62 - Torre Puntiaguda

El ejercicio requiere visualización y habilidad para resolver problemas. Haga que los alumnos recorten las piezas grises y luego que las junten para que encajen en el rectángulo que está a la izquierda.

Respuestas: la solución correcta es cuando todas las piezas encajan en la figura del rectángulo

Página 63 - Peek-a-Boo

En este ejercicio los alumnos usarán visualización y referencias para determinar cual de los ocho niños corresponden con la descripción. Viendo los detalles tan elaborados en cada cabeza, ellos podrán determinar cual niño se está describiendo.

Respuestas: más bajo - 7; más alto - 3; masticando chicle - 4; fiesta de cumpleaños - 5; hacia el cielo - 1; las flores - 6; un libro - 2; sombrero - 8

Página 64

Respuestas: Milton, Harry, Hector, Biltmore, Maxwell

Bunny Logic
Lógica de Conejito

Name (nombre) _____

Read the clues and draw a line between the bunny and his favorite food.

1. The smallest bunny and the bunny who likes carrots like to play hide and seek.

2. The middle-sized bunny doesn't like vegetables.

3. The largest bunny helps the bunny who likes lettuce gather his favorite food.

Lee las claves y haz una linea entre el conejo y su comida preferida.

1. Al conejo más pequeño y al conejo que le gustan las zanahorias, les gusta jugar a las escondidas.

2. Al conejo mediano no le gustan las verduras.

3. El conejo más grande, le ayuda al conejito que le gusta la lechuga, a recoger su comida favorita.

Bunny Comparisons

Name (nombre) _____

Ways they are alike
Modas en que son iguales

Ways they are different
Modas en que son diferentes

_____   _____

_____   _____

_____   _____

_____   _____

_____   _____

_____   _____

_____   _____

© 1994 Dandy Lion - Thinking Stories 1

Similar Stuff

Name (nombre) _____

Cross out the one thing in each box that does not belong.

Tacha en cada grupo una cosa que no pertenece allí.

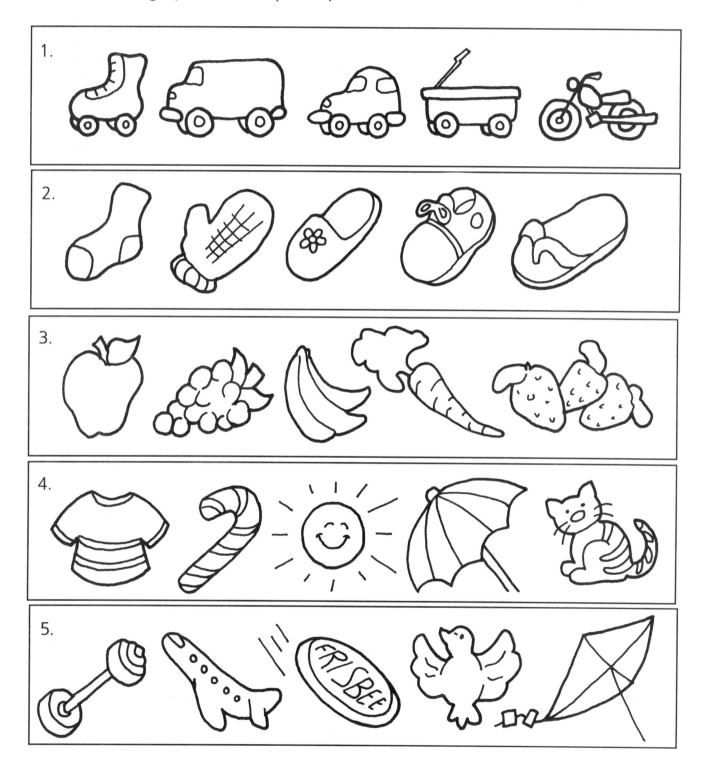

Toppled Tower
Torre Puntiaguda

Name (nombre) _____

Cut out the pieces of the fallen tower and put them together so they fit the shape on the left.

Recorta las piezas de la torre caida y júntalas para que queden adecuadamente en la figura de la izquierda.

© 1994 Dandy Lion - Thinking Stories 1

Peek-a-Boo

Name (nombre) _____

Can you tell which boy is doing what? Write the number on the line.

¿Puedes decir lo que está haciendo cada uno de ellos? Escribe el número en la linea.

_____ is the shortest.

_____ is the tallest.

_____ is chewing gum.

_____ went to a birthday party.

_____ is looking at the sky.

_____ likes flowers.

_____ is reading a book.

_____ is wearing a hat.

_____ es el más bajo.

_____ es el más alto.

_____ está masticando chicle.

_____ fue a una fiesta de cumpleaños.

_____ está viendo hacia el cielo.

_____ le gustan las flores.

_____ está leyendo un libro.

_____ está usando un sombrero.

© 1994 Dandy Lion - Thinking Stories 1

Brothers' Line Up

Name (nombre) _____

Five brothers are standing in a line. Read the clues to find out how they are lined up. Cut out the pictures and put them in the correct order.

1. The two boys who have names beginning with the letter M are on the two ends.

2. Hector stands between Biltmore and Harry.

3. Biltmore is to the left of Maxwell.

| Biltmore | Milton | Maxwell | Harry | Hector |

Cinco hermanos se paran en una fila. Lee las claves para hallar el orden de los niños en fila. Recorta los dibujos y ponlos en el orden correcto.

1. *Los dos niños que tienen nombres que comiezan con la letra M se paran a cada extremidad.*

2. *Hector está parado entre Biltmore y Harry.*

3. *Biltmore está a la izquierda de Maxwell.*

© 1994 Dandy Lion - Thinking Stories 1